VENTE DU MERCREDI 24 JANVIER 1894

HOTEL DROUOT, SALLE N° 10

à deux heures un quart

COLLECTION DE M. X...

CATALOGUE

DE

BRONZES 1ᴱᴿ EMPIRE

Grandes et belles Torchères, Statuette équestre : Napoléon Iᵉʳ
Pendules, Candélabres
Beau Surtout de Table, Brûle-parfums, Groupes, Statuettes

BRONZES ET MEUBLES

ÉPOQUES ET STYLES LOUIS XV ET LOUIS XVI

Miniatures, Argenterie, Porcelaines

LE TOUT

Appartenant à M. X...

Mᵉ Félix ALBINET	M. A. BLOCHE
COMMISSAIRE-PRISEUR	EXPERT PRÈS LA COUR D'APPEL
51, rue Maubeuge, 51	25, rue de Châteaudun, 25

Chez lesquels on trouve le présent Catalogue.

EXPOSITION PUBLIQUE

Le Mardi 23 Janvier 1894, de deux heures à six heures

CONDITIONS DE LA VENTE

Elle sera faite au comptant.

Les acquéreurs payeront *cinq pour cent* en plus du prix d'adjudication.

L'Exposition mettant le public à même de se rendre compte de l'état des objets, il ne sera admis aucune réclamation une fois l'adjudication prononcée.

Paris. — Imp. de l'Art, E. Moreau et Cⁱᵉ, 41, rue de la Victoire.

DÉSIGNATION DES OBJETS

MEUBLES

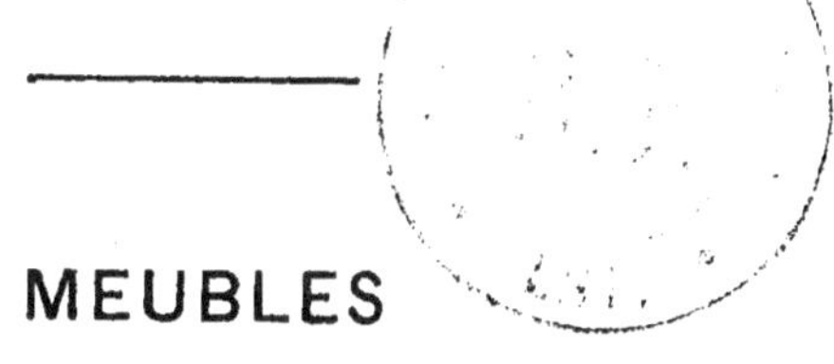

1 — Jolie commode Louis XV en marqueterie, dessin à damiers, ornée de cuivre.

2 — Canapé Louis XIV en bois doré et sculpté.

3 — Table en bois sculpté à cariatides et à figures de griffons. Époque Louis XVI.

4 — Grande et belle commode à deux portes, en acajou, garnie de cuivre. Époque premier Empire.

5 — Meuble formant bureau en bois de palissandre et marqueterie, forme cintrée à contours, avec poignées en bronze aux armes du prince de Galles. Époque Louis XVI.

BRONZES

6 — Paire de grandes et belles torchères à colonnettes en bronze, griffes de sphinx supportant des aigles impériales, avec sphères à cinq branches de lumière se détachant de têtes de lions et couronnées par des génies tenant un brûle-encens formant lumière. Travail en majeure partie du premier Empire.

7 — Curieuse pendule, mouvement à jour et compliqué, avec cadrans émaillés, monture en bronze doré, supporté par des griffons ailés, marquant les phases de la lune, indiquant les jours, les quantièmes, les heures et les minutes, avec aiguille à seconde indépendante, balancier compensateur et barométrique à légende gravée. Signé : *Paratte, à Paris.* Époque premier Empire. Socle en marbre portor.

8 — Écritoire en marbre blanc avec figurine de nymphe debout, en bronze doré, près d'un fût de colonne enguirlandé de lierre. On lit

l'inscription : *Jem eurs où je m'attache ;* monture en bronze doré. Travail en majeure partie du premier Empire.

9 — Très beau surtout de table à quatre plateaux, fond de glace, monture en bronze ciselé et doré, à figures de bacchantes tenant des guirlandes de vigne, avec frises à ornements. Époque premier Empire.

10 — Belle coupe portée par un groupe de trois amours, sur socle orné de guirlandes et de figures d'amours en bronze ciselé et doré. Travail en majeure partie du premier Empire.

11 — Deux coupes en bronze doré, dessin gravé et ciselé quadrillé. Époque premier Empire.

12 — Deux supports de coupe en bronze doré à rinceaux. Époque premier Empire.

13 — Paire de grands brûle-parfums tripodes en bronze doré orné de draperies. Premier Empire.

14 — Paire de bras d'appliques à six lumières, en bronze doré. Époque premier Empire.

15 — Deux grandes et belles statues de Faune et Bacchante en bronze patine verte, sur socles à rocailles et feuillages en bronze doré.

16 — Paire de candélabres en bronze doré, forme vase, avec branches de lumières se détachant des anses à dessin grec, culots à feuilles d'eau, socles en marbre bleu turquin. Style premier Empire.

17 — Paire de beaux candélabres formés d'égyptiennes drapées, en bronze à patine verte, portant dans leurs mains et sur leurs têtes cinq branches de lumières, socles en bronze doré, avec figures et ornements en bas-relief. Époque premier Empire.

18 — Très belle pendule formée par la *Nymphe couchée*, d'après Clodion ; socle en bronze doré, contre-socle en marbre vert de mer.

19 — Paire de flambeaux en bronze doré, à figurines d'hommes, sur socles en marbre. Style premier Empire.

20 — Paire de jolis candélabres à trois lumières, cors de chasse, forme brûle-parfums, en

bronze ciselé et doré, avec pieds à cariatides de nymphes, panses à guirlandes, socles en marbre blanc. Fin Louis XVI. (La ciselure des cariatides a été reprise.)

21 — Grande et belle statuette équestre : Napoléon Ier à cheval ; bronze vert.

22 — Deux vases forme corne d'abondance se terminant en têtes de béliers, posés sur socle rectangulaire, avec couvercle à pommes de pin, feuillagés en bronze ciselé et doré. Premier Empire.

23 — Paire de flambeaux, style premier Empire, en bronze doré, à trois cariatides de Minerve groupées ; pieds ornés de trophées.

24 — Grande aiguière formée d'un vase de Sèvres gros bleu, avec riche monture à rocailles et mascarons en bronze doré. Style Louis XV.

25 — Deux belles aiguières en bronze à patine verte, monture en bronze ciselé et doré avec anses à cariatides de femmes ailées. Style premier Empire.

26 — Paire de flambeaux en bronze partie doré forme carquois. Premier Empire.

27 — Paire de chenêts en bronze du premier Empire, représentant des lions couchés.

28 — Paire de grands chenêts de l'époque fin Louis XVI, représentant des sphinx sur des balustrades en bronze.

29 — Paire de vases en marbre, monture en bronze doré, et guirlandes de fleurs, anses à cariatides de sphinx. Style premier Empire.

30 — Paire de candélabres en bronze ciselé et doré, représentant des cariatides de femmes ailées dont le corps se perd dans des volutes feuillagées et portant des vases dont s'échappent trois branches de lumières, socle, en marbre bleu turquin. Style Louis XVI.

31 — Paire de vases en biscuit blanc de Sèvres forme ovoïde, montés en bronze doré à cariatides de génie. Style premier Empire.

32 — Pendule en bronze doré, modèle aux liseuses, figures en bronze à patine foncée,

33 — Paire de bras d'appliques à quatre lumières
en bronze doré à cariatides de femmes ailées.
Premier Empire.

34 — Coupe en forme de lampe antique,
bronze, partie doré et offrant en bas-relief des
nymphes, enfants et amours, dessus une
femme couchée contemplée par un satyre se
cramponnant à l'anse, modèle d'après Clodion.

35 — Buste grandeur plus que nature en bronze:
Marie-Antoinette en costume de cour d'après
Houdon.

36 — Petite pendule forme monument en marbre
blanc, montée en bronze doré avec figure
d'Homère et son chien, en bronze à patine
brune. Fin Louis XVI.

37 — Paire de girandoles à trois lumières, en
plaqué. Premier Empire.

38 — Paire de grands chenêts en bronze, partie
doré : sphinx couchés. Premier Empire.

39 — Deux petites statuettes en bronze : vieillard et jeune paysanne, socles en marbre noir. Style xviiie siècle.

40 — Grand et beau cartel en bronze patine brune, représentant un soleil et des figures allégoriques dans des nuages.

41 — Paire de vases en bronze patine verte à anses formées par des cariatides de femmes, partie dorée.

42 — Groupe en bronze : petit chinois sur un rhinocéros.

43 — Groupe en bronze : Vénus et les Amours sur la boule du monde, patine verte, attribué à Lemire.

44 — Très belle jardinière rectangulaire supportée par six cariatides de femmes, fond à ornements ajourés. Premier Empire.

MINIATURES

45 — Grande miniature rectangulaire sur ivoire : Portrait de Mlle Victoire en costume de cour,

d'après Nattier. Cadre en cuivre sur fond de velours rouge.

46 — Grande miniature rectangulaire sur ivoire : Portrait d'une dame de France en élégant costume avec chapeau à plumes. École française. XVIIIᵉ siècle.

47 — Miniature ovale sur ivoire : Portrait de dame en costume Louis XVI, avec chapeau à plumes.

48 — Bonbonnière en ivoire avec miniature : tête de jeune fille, d'après Greuze. Encadrement en strass.

49 — Deux miniatures rondes : Portraits de femmes en costume premier Empire.

50 — Miniature : Portrait de femme. Monture pour former broche.

51 — Bonbonnière en ivoire ornée de deux miniatures : Napoléon Iᵉʳ et l'Impératrice Joséphine.

52 — Grande miniature : Mme de Pompadour assise dans son boudoir.

53 — Peinture ovale sur porcelaine : la Cruche cassée.

54 — Petite boîte à poudre en cuivre avec portrait de femme Louis XVI.

55 — Tabatière en caillou de Bohême. Monture en cuivre.

56 — Portrait d'homme. Époque Empire.

57 — Miniature carrée : l'Impératrice Joséphine. Cadre en bois doré.

58 — Miniature sur ivoire : Portrait de Louis XVIII. Cadre en velours.

59 — Miniature : Femme en costume blanc, de l'Empire, d'après Reutner.

60 — Grande miniature sur ivoire : le Modèle honnête. Joli cadre en bronze doré à nœud de rubans.

61 — Belle miniature : Portrait de femme, de l'Empire.

62 — Miniature carrée sur ivoire : Femme écrivant inspirée par l'Amour.

63 — Grande miniature sur vélin : le Bal.

PORCELAINES, ARGENTERIE, OBJETS DIVERS

64 — Deux vases en porcelaine de Sèvres, décor à médaillons d'après Fragonard.

65 — Bas-relief, profil de Rouget de l'Isle en bronze sur fond de marbre vert.

66 — Deux médaillons : Portraits d'homme et de femme, gravure de la Restauration.

67 — Petit bas-relief en bronze : Henri IV.

68 — Deux assiettes genre Sèvres avec portraits de l'impératrice Joséphine et de Mme Récamier.

69 — Petit plat oblong de Saxe, décor à fleurs.

70 — Panier en porcelaine de Saxe, décor à fleurs en relief.

71 — Figurine en faïence de Strasbourg : la Marchande de poissons.

72 — Figurine en faïence de Strasbourg : Le Tailleur de pierres.

73 — Petit vaisseau trois-mâts en argent avec figurines.

74 — Six petites cuillères en argent.

75 — Petit plateau rond en argent, bords à mascarons.

76 — Petite bonbonnière en argent repoussé.

77 — Petit plateau ovale en argent repoussé. Style Louis XV.

78 — Petit triptyque en ivoire à figures de guerriers en bas-relief.

79 — Bas-relief sur ivoire : Tête de femme. Style xviiie siècle.

80 — Petite coupe en bronze doré avec bas-relief : Jeux d'enfants.

81 — Suite de huit appliques pour meubles en bronze doré. Premier Empire.

82 — Statuette en biscuit : Napoléon Ier en costume du sacre.

83 — Deux petites figurines d'amours travestis, en porcelaine d'Allemagne.

84 — Deux figurines en biscuit.

85 — Panier en faïence, décor à sujets mythologiques.

86 — Quatre assiettes en faïence, décor varié.

87 — Tasse et soucoupe de Sèvres, décor en bleu et or.

88 — Magot porte-fleurs en porcelaine d'Allemagne, décor bleu turquoise et or.

89 — Bonbonnière forme cœur, décor rose et à
fleurs.

90 — Boîte-navette en émail de Saxe.

91 — Médaillon avec profil de femme en cire.
XVIIIe siècle.

92 — Objets non catalogués.

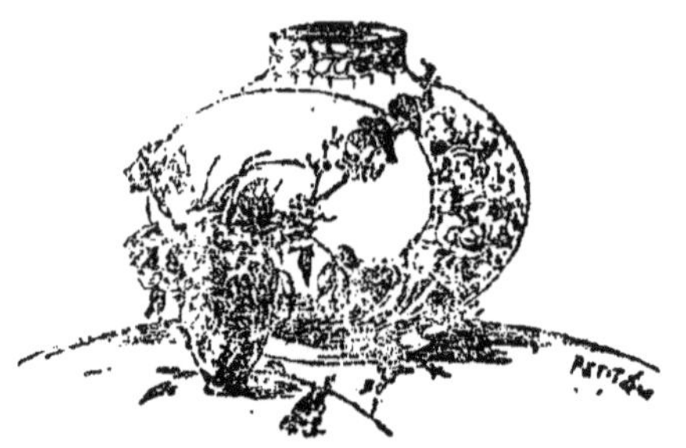